Couvertures supérieure et inférieure
manquantes

LA CHARTE DU MAÏS

TYPOGRAPHIE
EDMOND MONNOYER
AU MANS (SARTHE)

LA

CHARTE DU MAÏS

PAR LE

Comte RIANT.

Extrait de la *Revue des questions historiques.*

PARIS
LIBRAIRIE DE VICTOR PALMÉ, ÉDITEUR
Rue de Grenelle-Saint-Germain, 25
1877

TIRÉ A 50 EXEMPLAIRES

LA CHARTE DU MAÏS

On n'en est plus à compter les supercheries dont la littérature historique italienne du Moyen Age est, pour ainsi dire, infestée : fausses chroniques, chartes fabriquées, remplissant souvent des recueils entiers, chaque jour on en signale de nouvelles. Voici encore un document qui a joué, depuis trois quarts de siècle, un certain rôle, dans l'histoire de la civilisation, et qui, à mon sens, doit désormais aller rejoindre les *Pergamene d'Arborea* et autres mystifications paléographiques.

L'on sait que le Maïs est d'introduction relativement récente en Europe, et que, malgré son nom vulgaire de *Blé de Turquie*, *Grano Turco* [1], ce fut d'Amérique, où les Espagnols le trouvèrent déjà cultivé, qu'il nous arriva au XVIe siècle. Il y a cent ans ce point historique ne faisait doute pour personne : on savait même assez exactement les dates respectives de l'arrivée de cette semence dans les différentes contrées de l'Europe [2]. Mais en 1810, apparut tout à coup un document qui donnait au Maïs une origine asiatique, et venait en confirmer l'appellation populaire. Ce document fut d'abord admis sans conteste, puis, beaucoup plus tard, discuté très-vivement, non point quant à son authenticité que personne ne songea jamais à mettre en doute, mais quant à l'usage qu'il convenait d'en faire dans la question de l'origine américaine du Maïs. Aujourd'hui, en somme, après de longues années de polémique, cette origine, qui était parfaitement certaine du temps d'Olivier de Serres [3], est presque retombée, grâce à la pièce de 1810, dans le domaine des conjectures.

Amené à m'occuper de cette pièce, qui touchait par un point à l'histoire de la quatrième croisade, et à la publier de nouveau dans un

[1] Cette appellation erronée vient d'un contre-sens qui a fait traduire *India* (Inde occidentale, Amérique) par *Turquie*: le mot anglais *turkey* (dindon) a une origine identique.

[2] Le mot *Maïs* vient de de l'haïtien *Mahis* (Hernandez, *Hist. Plant.* VI, 44; cf. Littré, *Dict.* III, p. 491). Le premier botaniste qui décrive le Maïs, comme connu en Europe, est Jérôme Bock, *De stirpium Germaniæ nomenclaturis* (éd. lat. de 1552, Argent. in-4o, p. 650). Pourtant il n'était pas encore cultivé en Espagne, en 1571; Hernandez (*Theatr. Mexicanum*, p. 242) s'en indigne.

[3] Olivier de Serres, *Théâtre d'agriculture*, cité dans Hoefer, *Dict. de botanique*, p. 723.

recueil de textes relatifs à cette histoire[1], elle me parut offrir quelques difficultés ; et, bientôt, j'en arrivai, après un examen plus attentif, à me convaincre que je me trouvais en face d'un document *fabriqué*, et *fabriqué récemment*.

Le voici tel qu'il a paru pour la première fois dans la *Storia d'Incisa* de Gioseffantonio Molinari[2] (t. I, pp. 195-199).

CARTA DONATIONIS VERÆ CRUCIS ET PRIMI SEMINIS MELIGÆ.

« Anno nativitatis Domini nostri Jesu-Christi millesimo ducentesimo quarto, ind. vij, die v vel non. augusti, in oppido Incisæ Montisferrati, in ecclesia parochiali collegiata S. Joannis Baptistæ, intra mœnia et fortificationes eximii hujus castri, et in pleno consilio ibi per campanam collecto, in quo interfuerunt Laurentius Cravaria et Menfredus Terzolius consules, Cæsar Molinari, Alphontius Rota, Henricus Pignari, Antonius Suavis, Laurentius Palazolius, Alexander Bitius, et Alphontius Scapacinus, novem ex duodecim familiis originariis antiquioribus et nobilibus, nec non Horatius Baltutius, Hyeronimus Balda, et Hypolitus Ruellus, tres ex aliis familiis, integrum consilium componentes, juxta localia antiquissima statuta civitatis jam Trium Lancearum, nunc Incisæ, excellentissimus dominus noster Henricus, marchio Incisæ, Valii, Montisbarutii, Fontanilis, Ricaldoni, Carentini, Borgomaschi, Castrinovi, Incisæ, Cerretæ, et Bethonicæ, secutus a magnificis dominis auditore et gubernatore marchionatus, Aloisio Panizono, prætoro seu judice ordinario, Joanne-Baptista Rota, eius l. t. Petro Roffredo, ejusque cancellario Antonio Angelerio, ac omnibus capitaneis et officialibus militum rite paratis ; coram omnibus suprascriptis et populo ibi congregato, comparuerunt egregii domini, Jacobus ex marchionibus Incisæ, quondam Alberti, et Antoniellus Molinari, prædicti consiliarii Cæsaris filius, ambo capitanei equitum serenissimi Bonifacii, marchionis Montisferrati, et supremi ducis christianarum omnium potentiarum, qui declaraverunt se contulisse, militando cum eodem serenissimo Bonifacio, eorum duce, ad magnam Constantinopoli civitatem, et, illa capta ab ipso serenissimo duce, redivisse una cum gloriosissimo ejus filio Gulielmo ad civitatem Casalis Montisferrati, et in eam Alexium imperatorem illum, victum et captum, cum uxore et filiis eius, traduxisse, et per hanc eorum patriam nunc transeuntes, donavisse, sicuti ei donant, et remittunt, acceptantibus pro ea domino Henrico marchione, eximioque publico consilio antedictis, *crucem unam argenteam*, longitudinis palmi unius cum dimidio circiter, in qua posita vel firmata est gemma una pro qualibet extremitate, et in medio ejus posita et firmata alia parva crux de ligno veræ Crucis Domini nostri Jesu Christi, quam crucem ipsi egregii domini capitanei equitum, Jacobus ex marchionibus Incisæ, et Antoniellus Molinari dixerunt, affirmarunt et jurarunt, dicunt, affirmant et jurant detulisse ab ipsa civitate Constantinopoli, eamque cepisse inter alias res, quando illa civitas fuerat capta ab ipso serenissimo duce Bonifacio, sub die duodecima nunc elapsi mensis aprilis, et quarta heb-

[1] *Exuviæ sacræ Constantinopolitanæ* (Genevæ, 1875, in-8°), t. II, pp. 53-56.

[2] *Storia d'Incisa / e del gia celebre suo / marchesato / compilata / da / Gioseffantonio Molinari / e publicata / l'anno 1810*, / Asti, / Gio. Batt. Massa, xij-316 et ij-224 pp. in-8°.

domadæ sanctæ, quamque et ipse excellentissimus dominus Henricus marchio præ manibus accipiendo, nomine suo et consilii publici hujus oppidi, reverenter tradidit et remisit admodum reverendo domino præposito hujus ecclesiæ parochialis collegiatæ S. Joannis Baptistæ, Roberto Lando, ut eam populi venerationi exponeret, ut solemniter fecit, et imposterum in dicta ecclesia, nomine suo, et comunitatis diligenter custodiret, uti solemniter etiam promisit. Translatis inde supradictis omnibus in hujusdem comunitatis consularem aulam, ipsi egregii domini capitanei equitum, Jacobus ex marchionibus Incisæ, et Antoniellus Molinari, tradiderunt, et *donaverunt eorum patriæ* (quibus supra acceptantibus) BURSAM UNAM *capacitatis octavæ partis stadii unius, de hac mensura* PLENAM DE SEMINE, *seu granis de colore aureo et partim albo, non amplius antea visis in regionibus nostris, quæ dixerunt detulisse ab una provincia Asiæ, Natolia dicta, per quam cum equitibus suis incursiones executi erant tempore circumvalationis magnæ illius civitatis Constantinopoli, et vocari* MELIGA, *quæ tractu temporis magnum redditum et subsidium patriæ compararet.* Quam bursam et seminis grana, uti supra meliga dicta, prelibati excellentissimus dominus Henricus marchio, et magnifici consules, in hoc publicum archivium consulare tradiderunt, pro seminatione et collectione promissi fructus ad hujus populi utilitatem, si terræ qualitas, aer et cultura favebunt, uti sperant. Pro quibus muneribus, omnes uti supra collecti gratias egerunt, nomine patriæ, dictis egregiis dominis capitaneis equitum, Jacobo ex marchionibus Incisæ et Antoniello Molinari, et pro ipsorum munerum memoria chartam hanc fieri rogarunt, cui testes interfuerunt omnes supradicti. Et scripsi ego, Laurentius Ferrarius, publicus imperiali auctoritate notarius, et hujus communitatis cancellarius. »

Dans cette pièce, comme on le voit, Antoniello Molinari et Jacques d'Incisa, compagnons de Boniface de Montferrat, après avoir amené à Casal l'empereur Alexis III prisonnier, venaient offrir solennellement à leurs compatriotes, le 5 août 1204, d'abord un reliquaire contenant un morceau de la Vraie Croix, puis un sac plein d'une semence mipartie jaune et blanche, et nommée *Meliga* en Anatolie, où, à la tête de fourrageurs de l'armée croisée, ils l'avaient récoltée pendant le siége de Constantinople.

En 1817, Michaud s'empressait d'insérer *in extenso* ce document dans les *Pièces justificatives* du IIIe volume de son *Histoire des Croisades* [1]. A partir de ce moment, il fut, comme on dit, « acquis à

[1] *Hist. des Croisades*, 1re édit., 1817, t. III, pp. 615-616 ; et dans toutes les éditions subséquentes, y compris celle d'Huillard-Bréholles. (P. 1849, in-8°, t. II, pp. 494-5.) Je ne puis m'empêcher d'exprimer ici combien il est regrettable que le livre de Michaud, non-seulement trouve encore des éditeurs et des lecteurs, mais soit jugé digne des honneurs d'une illustration de premier ordre. Ces honneurs ne devraient-ils pas être réservés à nos classiques nationaux, et non prostitués à des œuvres de vulgarisation aussi médiocres que surannées, et que l'on devrait, au contraire, laisser dormir une bonne fois dans les bibliothèques de province.

la science » : Sismondi [1], Daru [2], Dulaure [3], Hurter [4], s'en servirent sans hésitation, et les historiens spéciaux des croisades s'y laissèrent prendre, depuis Wilken [5] et Vaublanc [6] jusqu'à La Farina [7] qui l'a réimprimée, il y a quelques années à peine, à la fin de son histoire de la quatrième croisade. Quant aux écrivains qui s'occupaient plus particulièrement des origines de l'acclimatation, elle provoqua naturellement parmi eux une polémique très-vive. Les questions relatives au premier habitat des plantes que l'on peut appeler *domestiques*, sont en effet, on le sait, si ardues et si complexes, qu'il a fallu, dans plus d'un cas, recourir, pour les résoudre, à l'aide que pouvait prêter la haute linguistique. A tort ou à raison, on attribuait aux croisades l'importation d'un grand nombre de ces végétaux utiles ; mais ces attributions étaient dépourvues de preuves écrites ; et voici que, pour la première fois, l'on se trouvait en possession d'un acte authentique, fournissant la date exacte et les circonstances d'arrivée d'une graminée comestible de premier ordre — du Maïs : car on n'avait pas hésité un instant à voir cette plante dans la *Meliga*, *aux épis mêlés de grains blancs et jaunes*, dont parlait la charte [8]. Les partisans anciens et les adversaires nouveaux de l'origine américaine du Maïs se battirent donc, pendant de longues années, autour du texte d'Incisa, et si, enfin, en 1855, Alphonse de Candolle [9], avec la sûreté de jugement qui caractérise ses écrits, parvint à faire à peu près triompher la vérité, ce fut (ainsi que je l'ai dit plus haut), non point en attaquant l'authenticité du docu-

[1] Sismondi, *Hist. des républ. italiennes* (Paris, 1818, in-8°), t. XII, p. 308.
[2] Daru, *Hist. de la rép. de Venise* (P. 1819, in-8°), t. I, p. 316.
[3] Dulaure, *Histoire de Paris* (1821), t. II, p. 163.
[4] Hurter, *Hist. d'Innocent III*, tr. Jæger, t. I, p. 770.
[5] Wilken, *Gesch. d. Kreuzz.* (1829, in-8°), t. V, p. 390.
[6] Vaublanc, *La France au t. des Crois.* (1847), t. IV, p. 5.
[7] La Farina, *Studi del secolo XIII*, parte ist. (Bastia, 1857, in-8°), p. 700.
[8] Michaud et Wilken traduisent bravement *Meliga* par *Maïs*. Hurter et La Farina, plus défiants, ne parlent que du *Millet*; Daru, à qui Michaud avait communiqué la charte, le suit dans sa première édition (I, p. 316) ; mais, redressé par Dureau de la Malle, passe au Millet dans la deuxième (I, p. 348). Mais je n'embarrasserai pas mon travail de la discussion de cette seconde interprétation, qui a le double inconvénient, d'abord de ne pas répondre matériellement aux termes de la charte — le *Millet* (*Panicum italicum*) n'ayant point le grain mi-parti jaune et blanc — puis de faire un contre-sens, le mot *Millet* ne s'étant jamais rendu par *Meliga*, ni en latin, ni en italien, ni en piémontais. La thèse que je vais aborder serait d'ailleurs encore plus facile à soutenir dans l'hypothèse du Millet que dans celle du Maïs ; car, pour prouver la fausseté de la charte, il me suffirait de reproduire les textes que Hehn (*Kulturpflanzen und Hausthiere in ihr. Ueberg. aus Asien*, (Berlin, 1874, in-8° pp. 483-4), a réunis, pour montrer que cette graminée était, de toute antiquité, cultivée dans les deux Gaules.
[9] A. de Candolle, *Géographie botanique* (Paris, 1855, in-8°), t. II, pp. 942-952. Toute cette polémique y est parfaitement résumée.

ment lui-même, mais en cherchant à établir, par des preuves extrinsèques, que, dans la charte de 1204, il ne s'agissait pas du *Maïs*, mais du *Sorgho*. Or toutes ces discussions s'agitaient dans le vide, et c'est ce que je vais chercher à établir, en montrant :

1° Que la charte d'Incisa est fausse ;

2° Par qui et dans quel intérêt elle a été fabriquée.

La première question qui s'impose à l'endroit d'un document aussi curieux, c'est de savoir comment il a pu échapper aux recherches, soit de Muratori, soit des historiens locaux antérieurs, Della Chiesa, Irico, Moriondo, remplis de textes beaucoup moins importants; comment aussi il peut se faire qu'il n'existe plus, ni en original, ni en copie, ni en simple mention d'inventaire, dans aucun des dépôts publics de l'Italie du Nord, et que le même silence ait entouré, jusqu'en 1810, les faits assez précis qu'il relate, et les personnages très-nombreux qu'il mentionne.

Si l'on passe ensuite à l'examen de ces faits et de ces personnages, on trouve Guillaume de Montferrat, fils du grand Boniface, présenté — bien que dans des termes un peu ambigus — comme ramenant captifs de Constantinople, Alexis III et sa famille. Or, d'une part, ce n'est pas de Constantinople, mais de Larisse qu'Alexis III fut envoyé en Occident; et, de l'autre, l'on sait que jamais Guillaume n'alla en Orient : il vint seulement jusqu'à Gênes au-devant des prisonniers, pour les recevoir des mains du capitaine génois Henri de Carmadino, qui les avait amenés, et les conduire ensuite à Casal [1].

Le sac plein du fameux grain, solennellement donné à la commune d'Incisa par les ambassadeurs de Boniface, est, selon leur dire, le résultat d'une expédition faite par eux-mêmes, à la tête de fourrageurs piémontais, pendant le siége de Constantinople, dans une province d'Asie, nommée *Natolia*. Or aucun croisé ne passa le Bosphore avant le 1er novembre 1204 [2], c'est-à-dire plus de six mois après la prise de Byzance ; et de plus le mot *Natolia* (Anatolie), appliqué à la rive asiatique du Bosphore, ne se trouve, ni dans les documents relatifs au partage de l'empire, ni dans aucun chroniqueur contemporain [3]. L'expression *Meliga*, n'est, bien entendu, ni grecque ni

[1] « Bonifacius..... ipsum Alexium, uxorem et filium cepit, Januamque in « galea Portus-Veneris, que apud Salonicam erat, per Enricum de Carmadino « mandavit, cumque Januam applicuissent, Wilhelmus marchio, dicti Bonifacij « filius, habito inde nuntio, Januam venit, ipsumque imperatorem, uxorem et « filium, apud Montemferratum secum duxit. » (Oger. Panis, d. Pertz, t. XVIII, p. 123.)

[2] Villehardouin, n° 302. — C'est une des rares dates de jour, données par Villehardouin : aucun témoignage ne le contredit sur ce point.

[3] Les textes du partage (d. Tafel et Thomas, *Urk. z. Gesch. Venedigs*, t. I, pp. 452-501) ne comprennent point ce mot dans leur longue énumération ; Villehardouin dit toujours la *Terre d'autre part del Braz*.

turque, comme le laisse entendre la charte, et de plus (bien qu'elle figure dans quelques textes postérieurs, pour désigner une sorte de semence comestible [1]), elle n'est même pas latine, mais tout simplement piémontaise : elle signifie, à la fois, dans le patois subalpin, le Maïs (*Zea Mays*, en italien *Frumentone*, *Grano Turco*), et le Sorgho (*Holcus Sorghum*, en italien *Saggina*) [2], mais plus spécialement ce dernier [3], qui était connu des Romains, et cultivé en Italie du temps de Pline, sous le nom de *Milium Indicum* [4].

Si j'arrive maintenant à la date de la charte, je la trouve, il est vrai, régulière quant à l'indiction, mais trop exacte ; car, confirmée, dans le corps du texte, par les mots « *die duodecima* NUNC ELAPSI *mensis aprilis* » se rapportant à la prise de Constantinople, elle n'autorise aucune conjecture, qui, en modifiant un des chiffres de l'intitulé, laisserait à la fixation chronologique du document une certaine latitude. On la donne donc bel et bien comme datée du 5 août 1204, et c'est précisément pour cela qu'elle est absolument fausse. A cette époque, non-seulement aucun envoi parti de Constantinople après le siége, n'avait encore pu parvenir en Occident, mais *on y devait ignorer complétement la prise de la ville*. En effet, un des premiers informés de ce grand événement a dû être, sans aucun doute, Innocent III. Or la galère d'Henri de Carmadino, qui amenait Alexis III prisonnier, n'a pu arriver à Gênes sans qu'Innocent III ait appris, par elle, l'issue inattendue de la quatrième croisade : car on sait par un témoin oculaire [5], que cette galère a touché en passant à Gaëte, et Innocent III, du 13 mars 1204 au 14 mai 1206, ne s'est point éloigné de Rome [6], alors en relations continuelles avec ce port de mer. Mais, d'autre part, pour qu'Alexis fût parvenu à destination, et eût été enfermé à Casal avant le 5 août 1204, il aurait fallu qu'il fût arrivé à Gênes vers le 1er du même mois, et eût passé à Gaëte vers le 15 juillet. Dans cette hypothèse, c'est du 15 au 20 juillet que la nouvelle de la prise de Constantinople aurait dû être parvenue à Rome. Or *il est certain que, six semaines après, le pape n'en savait encore rien;* car le 9 septembre, il écrivait au roi de Hongrie, lui parlant longuement des croisés, sans

[1] Voir Candolle, t. II, p. 943.

[2] Voir Candolle, t. II, p. 944, où cette question linguistique est discutée à fonds.

[3] Généralement, le mot *Meliga*, (*Melia*) employé seul, veut dire en piémontais *sorgho;* c'est *Melia rossa* qui désigne spécialement le Maïs : et la présence d'une épithète distinctive prouve bien que ce dernier est d'un usage plus récent que l'autre.

[4] Plin., *Hist. nat.*, XVIII, 55 : voir sur ce point Hehn, *Op. cit.*, pp. 438 et 535.

[5] Anon. Cajetani *Translatio capitis s. Theodori* (d. Ughellus, *Italia sacra*, ed. Coleti, t. I, p. 539).

[6] V. Potthast, *Reg. Pontif.*, ad ann.

faire la moindre allusion à leur triomphe [1]. Ce n'est que le 4 novembre [2] que nous le voyons, pour la première fois — réclamant aux Génois les présents envoyés au Saint Siége par Baudouin (présents qu'H. Belamuto, corsaire génois [3] avait interceptés) — montrer qu'il était enfin au courant des événements.

C'est également la première mention que l'on rencontre d'un message arrivé de Constantinople en Occident après la prise de cette ville.

Bien qu'Henri de Carmadino fût de Porto-Venere, on pourrait être tenté de l'identifier avec cet H. Belamuto. En ce cas Alexis serait arrivé à Gênes un peu avant le 5 novembre; mais cette hypothèse extrême, qui d'ailleurs nécessiterait, dans la charte, le changement de *die v vel non. augusti* en *die v vel non. novembris* [4], est à son tour insoutenable. En effet, ce n'est pas immédiatement après la prise de Constantinople qu'Alexis III est tombé, dans Larisse, aux mains de Boniface. Car l'été entier fut absorbé par la querelle entre ce dernier et Baudouin [5]; la paix ne fut conclue qu'à la fin de septembre; octobre se passa au partage du nouvel empire; et, bien que Boniface ait, dès le commencement de ce mois, regagné ses États, ce n'est que bien plus tard qu'il arriva à s'emparer d'Alexis III : car la prise de ce dernier fut postérieure [6] à celle d'Alexis V par Thierry de Los, qui lui-même n'avait quitté Constantinople qu'une fois la répartition des fiefs terminée, c'est-à-dire le 1er novembre [7]. C'est donc au plus tôt après le 15 novembre qu'Alexis a pu être transporté de Larisse à Salonique, puis à Gaëte et à Gènes, et enfin à Casal [8]. Comment alors admettre un seul instant qu'il ait pu arriver à Casal avant le 5 août? à cette époque il assistait tranquillement, de Larisse, aux démêlés du grand marquis avec l'empereur latin.

[1] Inn. III, *Epist.*, VII, 127.

[2] Inn. III, *Epist.*, VII, 147 : cette lettre dut être écrite aussitôt après que le pape eut reçu, avec l'annonce du vol des Génois, la notification de l'avénement de Baudouin Ier (Id., *ibid.*, VII, 152) : car la réponse à cette notification (Id., *ibid.*, VII, 153) ne partit que trois jours après.

[3] Cf. Ogerius Panis (d. Pertz, t. XVIII, p. 123).

[4] Le 5 septembre serait encore trop prématuré ; le 5 octobre ne tombe plus aux nones, mais au III des nones.

[5] Voir pour toutes ces dates, Klimke, *D. Quellen z. Gesch. d. IV Kreuzz.* (Breslau, 1875, in-8o), pp. 98 et suiv.

[6] Villeh, no 309.

[7] Id., no 302.

[8] Il fut même, avant de partir, laissé quelque temps dans une forteresse grecque (Nicetas, p. 799), et Ogerio Pane (*l. c.*) ne le fait arriver à Gênes qu'en 1205. Il ne resta pas longtemps à Casal (Jac. de Voragine, d. Muratori, t. IX, p. 44); racheté par les Génois (Albéric, p. 428; Georg. Acrop., c. 8, p. 16 ; Anon. Cajet, *l. c.*), il repassa par Gaëte et se réfugia auprès de Kaïkosrou, sultan d'Iconium. Appuyé sur des sources qu'il n'indique pas, Hopf (d. Ersch et Gruber, *Encyclop.*, t. CLXXXV, p. 211) a dénaturé tous ces faits.

La charte d'Incisa est donc notoirement fausse, et je ne me donnerai même pas la peine de faire remarquer qu'elle ne réunit aucun des caractères intrinsèques [1] qui eussent pu plaider, malgré tout, en faveur de son authenticité. Je prierai simplement le lecteur de la comparer à une autre pièce très-légitime que je donne en note [2], et qui est relative à un envoi entouré des mêmes circonstances de temps, de lieu et d'origine qu'aurait pu l'être le document d'Incisa, s'il eût réellement existé.

Cherchons maintenant qui a pu être le faussaire, dans quel intérêt il a agi, et comment il a procédé. Revenons au livre de Gioseffantonio Molinari : la *Storia d'Incisa*, devenue aujourd'hui fort rare, forme deux petits volumes in-8° ; elle appartient à ce genre d'ouvrages qu'on appelle en Italie *storie documentate*. Si l'on en retranche une introduction et un résumé final, rédigés en style du temps, il ne reste en somme qu'un recueil de pièces, empruntées toutes — sauf deux ou

[1] Pour ne citer que quelques impossibilités matérielles : Constantinople a bien été prise le 12 avril ; mais c'était le lundi de la Passion et non le mercredi saint ; la formule notariale n'est pas celle des chartes locales contemporaines ; ajoutez encore les mots : *mœnia et fortificationes eximii castri, auditor et gubernator marchionatus, locum tenens gubernatoris, officiales militum, J. ex marchionibus Incisæ, prætor, circumvallatio admodum reverendus!* Enfin *stadion* n'a jamais désigné, ni en grec, ni en latin, une mesure de capacité : c'est cependant de la Meliga — une latinisation maladroite d'un mot piémontais relativement moderne, *stajo*, qui n'est lui-même qu'une corruption du français *setier*. (Le *stajo* est d'environ trente-huit litres, soit 4 l. 75, pour le contenu du fameux sac.)

[2] Voici cette pièce, dont mon ami, le chr Desimoni, de Gênes, a tout récemment retrouvé un texte du XIVe siècle dans un registre municipal d'Alessandria, le *Libro della Croce* ; la pièce y est copiée deux fois aux ff. 2, r° et 55, r°. Elle avait déjà été insérée par Guill. Schiavina dans ses *Annales Alexandrini* (*Monum. Patriæ*, IV, p. 140), et par Ghilini (G.) dans *Annali di Aless.* (Milano, 1666, fol.), p. 23.

« Anno dominice incarnationis millesimo ducentesimo octavo, ind. xj, die dominico undecimo exeunte decembri, in Alexandria, in ecclesia majori Sancti Petri, in pleno consilio ibi per campanam collecto, dñus Opicio de Reversatis dedit dño Alberto de Fontana, potestati Alexandriæ, nomine comunis Alexandrie recipienti, crucem unam cum caxa una in qua erat, que caxa erat a lateribus et desuper argenti undique cooperta, cum palio uno roxato. In qua cruce erat, quasi in medio, alia crux parva posita cum argento et firmata, in quo erant quatuor perle apposite. Et quod illa parva crux erat de lignanime Crucis, quam crucem ipse dominus Opicio dicebat se detulisse a civitate Constantinopolitana, ubi eam lucratus fuerat, quando illa civitas fuerat capta. Dedit autem suprascriptus Opicio istud donum tali modo quod spectet solummodo ad comune Alexandrie, et quod episcopus, vel aliquis clericus, seu ecclesia Alexandrie, non habeat ius vel privilegium aliquod circa ipsum donum, et inde hanc cartam fieri rogavit.

« Interfuerunt testes, scilicet : Guido de Plovera ; magister Syrus ; Marcus-Antonius, Guillelmus et Stephanus, judices — Et ego, Bocherius, imperialis aule notarius, interfui et hanc cartam tradidi et scripsi. »

trois que l'auteur a copiées dans les archives d'Asti et de Turin — aux publications antérieures de Della Chiesa, de Muratori, de Moriondo. Mais la source principale à laquelle il a puisé, et sur laquelle il fournit de nombreux détails, est un petit livre divisé en cinq chapitres dont il donne ainsi le titre :

« *Incisæ et Marchionatus* / MEMORIÆ / *E veteribus Astæ Scripto-*
« *ribus excerptæ* / *a* / *Francisco* TURZANO, *Vic. gen. Astensis Episcopi* /
« *Antonii Trivultii,* / *et Archivii Astensis Custode ac Judice*/ *Adjunctis*
« *authenticis Tabulis Incisiensibus* / *In Astensi Archivio servatis.*/
« Augustæ Taurinorum, apud Tarinum / MDXV / Superiorum per-
« missu [1]. »

Les chapitres I-IV sont reproduits *in extenso* [2]; au contraire, le chapitre V, qui contenait les onze *Tabulæ Incisienses*, ne figure [3] que par le *Vidimus* [4] dont Fr. Turzano avait fait suivre les *Tabulæ*, que l'on retrouve, du reste, intercalées l'une après l'autre, dans le texte subséquent de Molinari, au fur et à mesure des besoins de la narration; la charte de la *Meliga* occupait le n° 5 des *Tabulæ* : elle est réimprimée au tome I de la *Storia*, pp. 195-9.

Ces *Memoriæ* dépassent tout ce qu'on peut imaginer en fait d'érudition fantaisiste : Turzano, qui se dit originaire d'Incisa, débute par nous apprendre que, touché par la ruine de cette ville [5], il a voulu aussitôt compulser les archives astésanes, confiées à sa garde, et en extraire tout ce qui pouvait intéresser l'histoire de sa malheureuse patrie. Suit la liste des auteurs manuscrits qu'il a trouvés à Asti et consultés — *six antérieurs à l'ère chrétienne!* et vingt-quatre postérieurs. Le chapitre II est l'analyse de la chronique du premier de ces auteurs, Fabius Resta, *écrivant en 382 avant Jésus-Christ :* le chapitre III est consacré à cinq autres annalistes extraordinaires, dont le moins récent est antérieur de soixante ans à l'ère chrétienne. Le chapitre IV passe en revue, au milieu de toutes sortes de fables, les écrivains postérieurs. Le chapitre V contenait, comme je viens de le dire, les *Tabulæ*, qu'il n'est pas difficile de retrouver dans Molinari; car, dès qu'il doit en reproduire une, il a soin d'en annoncer dûment la provenance. Je ne m'arrêterai pas à les énumérer et à les discuter ; je me contenterai de dire d'abord que plusieurs sont, non-seulement

[1] T. I, p. 31. — Le titre est imprimé avec la prétention de reproduire la disposition typographique de l'original.
[2] T. I, pp. 31-48.
[3] P. 49.
[4] « Memorias et tabulas antescriptas, in hoc Astensi archivio diligentiæ « meæ meoque judicio renuntiato repertas et visas, requisitioni Astensium « scriptorum Georgi Alionis et Anselmi Asinarii, debita facta collatione, fideliter « extractas, inveni ideoque pro fide subscripsi. Astæ, die V octobris MDXV. « Ego Franciscus Turzanus, Vic. gen. et Ast. Archivii Custos, et Judex. »
[5] 27 juillet 1514.

fausses, mais maladroitement fabriquées, une ou deux même parfaitement invraisemblables[1]; puis, que celle de la *Meliga* était, aux yeux de Molinari, la plus importante de toutes : car il en reparle plusieurs fois, à propos des autres[2]. Ce Francesco Turzano devrait donc, au premier abord — étant admise la fausseté de la pièce d'Incisa — en endosser la responsabilité, Molinari n'ayant à se défendre que d'avoir manqué de critique, en admettant, sans contrôle, en 1810, des documents aussi suspects. Je crois pourtant qu'il n'en est rien, et que Turzano doit être absous, au moins en l'espèce, de toute accusation de malhonnêteté littéraire, et ce point est plus utile à établir qu'il ne le semble au premier abord : car admettre que la supercherie puisse remonter au commencement du XVIe siècle, c'est-à-dire avant la date la plus récente, jusqu'ici reconnue, de l'introduction du Maïs en Europe, serait rouvrir la porte à toutes les conjectures, en permettant de supposer que, si Turzano a réellement fabriqué la charte, il n'a du moins opéré cette fabrication qu'à l'aide de documents plus anciens que lui, et aujourd'hui perdus. Il faut donc nécessairement, pour que la preuve soit complète et porte ses fruits, pousser l'étude plus loin, et montrer que la charte d'Incisa est non-seulement fausse, mais encore *inventée postérieurement à Turzano, et à une date très-voisine de nous.*

Examinons d'abord *a priori* si ce document a pu être inventé en 1515. Ne parlons que pour mémoire d'un témoignage respectable qui nous présente le Maïs comme introduit en Italie à la

[1] I. 990. (25 sept.) Proclamation d'Odo, premier marquis d'Incisa. — t. I, pp. 115-125.
II. 1190. (13 déc.) Traité de paix entre Asti et Incisa. — I, pp. 165-170.
III. 1203. (5 déc.) Partage entre le marquis d'Incisa et ses frères. — t. I, pp. 182-6.
IV. 1203. (24 déc.) Attestation généalogique ! donnée aux précédents par le curé d'Incisa. — t. II, pp. 187-9.
V. *Charte de la Meliga.* — t. I, pp. 195-9.
VI. 1210 (12 sept). Investiture aux marquis d'Incisa de deux fiefs par la commune d'Asti. — t. I, pp. 200-202.
VII. 1292. Réception des marquis d'Incisa comme citoyens d'Asti. — t. I, pp. 232-237.
VIII. 1359. Privilége de l'empereur Charles IV aux marquis d'Incisa. — t. I, pp. 262-8.
IX. 1515 (25 août). Lettre de Francesco Turzano à Guillaume Turzano, son neveu. — t. II, pp. 197-201.
X. 1515 (1er sept.). Réponse de Guillaume Turzano à son oncle. — t. II, pp. 201-206.
XI. Vidimus par Guillaume Turzano d'une généalogie des marquis d'Incisa. — t. I, pp. 223-229.

[2] T. I, p. 125; t. II, pp. 200-202.

fin du XVIIe siècle [1], et rappelons que le Sorgho y était cultivé depuis le temps des Romains, en sorte qu'en 1515, parler de l'introduction du Maïs était impossible, et de celle du Sorgho tout à fait ridicule. Venons tout de suite à ce que Turzano est censé dire lui-même de la pièce qui nous occupe. Ayant soi-disant trouvé, dans les archives dont il avait la garde, une copie de la charte de la Meliga — copie extraite au XIIIe siècle des *Livres paroïssiaux* de la collégiale de S. Giovanni-Battista d'Incisa, par le curé Lando, qui figure dans cette charte — Turzano l'envoie, le 20 août 1515, à son neveu Guillelmo, économe de cette collégiale, pour la collationner sur le registre d'où elle avait été tirée ; et, le 1er septembre de la même année, ledit Guillelmo s'empresse d'annoncer à son oncle qu'il a retrouvé le texte original, et contrôlé la copie dont il atteste l'exactitude [2]. Donc, en 1515, la charte de la Meliga — reconnue aujourd'hui comme fausse — aurait existé à deux exemplaires, l'un aux archives d'Asti, l'autre dans un registre de la collégiale d'Incisa, et pourtant aujourd'hui copie et registre auraient péri ensemble. Il est vrai que Molinari a soin d'expliquer longuement [3] la disparition de l'exemplaire astésan de la charte de la Meliga et de ses compagnes, par ce fait qu'au temps de l'annexion d'Asti à la couronne de Savoie (1562), Emmanuel-Philibert aurait ordonné le transport à Turin des archives astésanes, et que tous ces documents auraient été détournés à cette époque. Mais cette double assertion est absolument fausse : le prétendu transfert n'a point eu lieu en 1562, et n'a porté que sur un nombre de pièces tout à fait insignifiant [4] : les archives actuelles, tant du chapitre que de la commune d'Asti, sont encore fort complètes [5] ; et d'ailleurs il resterait à justifier de la perte du registre d'Incisa. Aussi là commencent à naître de sérieux soupçons : car, pour expliquer ce dernier fait, il faudrait supposer que Turzano a, non-seulement fabriqué la charte, mais, dans une correspondance de fantaisie avec son neveu, inventé le *Registre paroissial*, et donné de la sorte doublement prise à un lecteur soupçonneux, qui aurait pu ainsi arriver, dans deux dépôts publics différents, à constater deux fois la supercherie, par l'absence du double original prétendu. Et tout cela sans qu'on puisse se rendre un compte suffisant du mobile qui aurait pu porter un prélat, gardien juré de documents

[1] Georgius de Turre, *Dryadum triumphus* (Patav., 1685), cité dans Candolle. *Opus cit.*, t. II, p. 944.

[2] Ces deux lettres sont les *Tabulæ Incisienses*, IX et X (cf. Molinari, t. II, pp. 197-206.)

[3] *Storia d'Incisa*, t. I, p. 29, not.

[4] En 1689, le duc de Savoie faisait encore prendre copie à Asti de tous les titres qui pouvaient intéresser l'État. Il n'est venu d'Asti à Turin que quelques registres, transportés en 1695. (*Renseignement dû à l'obligeance de M. l'archiviste chr Vayra, de Turin*).

[5] Voir Pertz, *Archiv*, t. XII, pp. 602-604.

officiels, au travail considérable que nécessitait la perpétration de tous ces faux.

Ces arguments s'effacent d'ailleurs devant ceux que l'on peut tirer de l'étude intrinsèque de l'opuscule, reproduit par Molinari : il n'est pas impossible, en effet, que cet opuscule *n'ait jamais existé* à l'état d'imprimé, ni peut-être même à celui de manuscrit. Aucun bibliographe ne l'a vu [1]; il manque dans toutes les bibliothèques italiennes, et n'a jamais paru dans aucune vente. Je sais trop d'exemples de livres existant à l'état d'exemplaires uniques, et ayant surgi tout à coup, de nos jours, après avoir échappé, pendant plusieurs siècles, à l'attention de tous les chercheurs — pour nier formellement et *a priori* l'existence d'un livre quelconque : cependant les *unica* sont en général des opuscules qui, imprimés à petit nombre, ne présentaient absolument aucun intérêt durable, au moment de leur publication, et qui ont disparu avec les circonstances d'où ils étaient nés. Or ce n'est nullement le cas des *Memoriæ* de Turzano, et l'on sait d'ailleurs que les livres locaux italiens du XVIe siècle, tirés à grand nombre[2], ne sont rien moins que rares. D'autre part le titre offre quelque chose de louche : un livre de 1515 ne porte que bien rarement l'*apud* avec un nom de libraire, sans mention d'imprimeur : le *superiorum permissu* est encore plus insolite. Nous voici donc en face d'une fraude dont il est impossible, cette fois, d'accuser Turzano.

Mais il reste l'hypothèse où les *Memoriæ*, ayant réellement existé à l'état de manuscrit, — l'on n'aurait commis que le péché véniel de présenter ce manuscrit comme un imprimé imaginaire; poursuivons donc notre examen, en le reprenant à ce nouveau point de vue.

Le catalogue des manuscrits de l'Athenæum de Turin, rédigé en 1749 par Pasini, enregistre, sous le n° 1044 du fonds latin[3], un *Recueil* de pièces formé, à la fin du XVIe siècle, par un anonyme astésan. Ce *Recueil*, composé de cinq cahiers in-folio, est tout entier relatif à l'histoire d'Asti. Il contient de nombreux extraits de chroniques locales, plus ou moins authentiques, et, en tout cas, aujourd'hui perdues : Pasini l'a publié intégralement. Or, parmi ces chroniques, figure plu-

[1] J'ai fait là-dessus, depuis deux ans, en France et en Italie, les recherches les plus minutieuses : il va sans dire qu'il manque, aussi bien dans Panzer et dans les autres grands lexiques, que dans les bibliographies spéciales, comme Agostino della Chiesa, *Catalogo di tutti li scrittori de i stati dell' Alt. seren. di Savoia* (Torino, 1614, in-4°).

[2] Je ferai remarquer ici que le *Vidimus* qui termine les *Memoriæ* (Molinari, t. I, p. 49) est du 5 oct. 1515, et que, l'impression, portant ce même millésime, aurait dû être terminée en deux mois, ce qui est un bien court délai pour l'époque.

[3] T. II, pp. 307-350; le manuscrit, d'une main du XVIe siècle, est décrit comme formé de 5 cahiers in-f° de 34, 40, 25, 38 et 24 ff.

sieurs fois [1] un certain traité *De Rebus memorabilibus Astensium et aliorum populorum*, de Francesco Turzano lui-même, lequel s'y intitule docteur en droit et vicaire général d'Antoine Rotario, évêque d'Asti (1529-1548) [2]. Il est évident qu'une étude comparative de ce *Recueil* astésan et des *Memoriæ*, ne pourra point nuire à la découverte de la vérité. Il y a entre les deux œuvres une analogie difficile à nier. Le *Recueil* est une suite de textes, copiés les uns après les autres sans aucun égard à l'ordre chronologique, soit des auteurs mis à contribution, soit des faits eux-mêmes. Le compilateur, qui écrivait après 1577 [3], avait réuni là, comme au hasard de ses recherches, les matériaux d'une histoire d'Asti ; et nous retrouvons chez lui, avec toutes leurs fables romaines, les chroniqueurs fantastiques énumérés par les *Memoriæ*. Il y a aussi entre l'attestation par laquelle se termine ce dernier livre [4], et certains *Vidimus* dont le compilateur du *Recueil* a soin de faire suivre chacun de ses extraits, un grand air de parenté; mais si, laissant là l'ensemble du *Recueil*, nous ne nous attachons qu'à ceux de ces extraits qui sont attribués à Turzano, toute ressemblance cesse aussitôt. Le *De Rebus Astensium* paraît une œuvre raisonnable ; il nous fournit un récit circonstancié de l'expédition de Charles VIII en Italie, et l'on n'y rencontre, non-seulement aucune des sottises qui constituent les quatre premiers chapitres des *Memoriæ*, mais même rien qui sorte de la méthode historique italienne du XVIe siècle, tandis que les *Memoriæ*, à force d'entasser hyperboles sur hyperboles, finissent par dépasser la note et tourner à la farce. La comparaison entre les deux opuscules suggère encore d'autres observations spéciales dont je ne retiendrai ici que trois. D'abord, on chercherait vainement dans le *De Rebus Astensium*, aussi bien que dans le *Recueil* pris dans son ensemble, la reproduction d'une seule pièce analogue aux onze *Tabulæ Incisienses*. Puis, bien que Turzano fût natif d'Incisa, les textes, qui lui ont été empruntés par le *Recueil*, gardent le silence le plus complet [5] sur les familles incisiennes, dont au contraire les *Tabulæ* rappellent à chaque instant les noms. Enfin Turzano figure, dans les *Vidimus* des extraits du *Recueil*, comme ayant connu un certain Jacques de Borcanino historien astésan du XVe siècle, qui est, à côté de lui, mis à contribu-

[1] Pasini, t. II, pp. 326, 334, 336, 337, 340, 342.

[2] Cet intitulé fait toucher au doigt une difficulté de plus pour les *Memoriæ*; car Francesco Turzano est évidemment le même que le juriste qui publia à Venise, en 1567, des *Communes opiniones juris* (réimprimées à Francfort en 1568, 1570, 1576; v. Lipenius, *Bibl. juridica*, Lpz. 1757, Gessner, Draudius, Jöcher, etc. *ad v.*) Or si l'on peut admettre qu'il ait pu être, dès 1530 ou 1540, vicaire général d'Asti, il n'en est pas de même pour la date de 1515.

[3] Pasini, t. II, p. 315.

[4] Voir plus haut, p. 13, not. 4.

[5] Voir en particulier la liste donnée par Turzano. (Pasini, t. II, p. 334.)

tion par le compilateur. Or ce Borcanino donne une liste assez longue[1] des chefs ayant commandé sous les ordres de Boniface ; dans cette liste, manquent précisément les deux *capitanei* de la charte de 1204. Comment admettre que, si Turzano était l'auteur des *Memoriæ*, et, en particulier du document que je discute, il eût osé y introduire des noms tout à fait étrangers à la liste, plus ou moins authentique, mais, en tout cas, très-affirmative, qu'il avait sous les yeux. Il résulte donc de l'examen comparatif des deux ouvrages, qu'il est impossible que l'auteur de l'un soit en même temps celui de l'autre, et comme, pour l'attribution du *De rebus Astensium* à Turzano, on a le témoignage du manuscrit lui-même, écrit au XVIe siècle, et vu par Pasini, il faut nécessairement conclure que les *Memoriæ* ne sont point de l'archiviste d'Asti,et ont été faites de toutes pièces, comme la charte de la Meliga elle-même.

C'est à dessein que je viens de dire : *vu par Pasini;* car ici se place une circonstance inattendue qui est nature à jeter un certain jour sur la question : le codex 1044 de l'Athenæum de Turin n'existe plus; il a disparu au commencement de ce siècle, *précisément à l'époque où Molinari élaborait sa Storia d'Incisa.* En marge de l'exemplaire de Pasini, qui sert aux recherches du public dans le cabinet des manuscrits de l'Athenæum, une main, déjà ancienne, a tracé une note, de laquelle il résulte que le cod. 1044 aurait été transporté à l'*Archivio di Corte.* Or il n'est jamais entré, ni dans ce dépôt officiel, ni dans aucune des autres collections de Turin ; cette disparition met sur la voie du véritable faussaire, que j'ai hâte maintenant d'exécuter, en montrant quel but il a pu poursuivre, et de quelle façon il a perpétré son délit paléographique.

Si, tout à l'heure, il était difficile de trouver quel intérêt aurait pu porter Turzano à fabriquer les *Memoriæ* et leurs onze *Tabulæ*, il sera plus aisé de montrer le mobile qui aura fait agir l'auteur de la *Storia d'Incisa.* En effet, pour tout lecteur impartial, Molinari semble absorbé par deux idées fixes, autour desquelles gravite tout son travail ; d'abord, soutenir les prétentions généalogiques de la petite aristocratie d'Incisa, en général, et des Molinari en particulier; puis faire valoir l'honneur qui rejaillit sur cette ville, d'avoir été le centre de la propagation du Maïs en Italie.

La première de ces deux préoccupations se fait jour à chaque page

[1] Voici cette liste qui, fausse ou non, est assez curieuse : « Nam cum Marchione Montisferrati erant equites centum, et pedites quatuor centum, sub « duce generali Bonifacio Pallido. Duces equitum fuerunt : Albertus Robba et « Carolus de Capellis. Duces peditum fuerunt : Horatius Cavallus, Henriettus « Natta, et Jacobus de Vetulis. Cum Ludovico vero, Sabaudiæ comite, iverunt « Ludovicus de Varixellis, sive de Montasia, dux generalis cum equitibus « ducentum, et peditibus sexcentum. Equitum duces fuerunt, Antonius de « Gorzano, Cæsar de Luciis..... Petrus Gallus de Gallis..... et Johannes « Stephanus de Lombardis. »

du livre : au-dessous des marquis d'Incisa — dont les hauts faits sont racontés dès les temps héroïques, et dont la généalogie remplit le onzième[1] des documents annexés au pseudo-Turzano — le patriciat d'Incisa se groupe, dans la *Storia*, autour de douze familles, dont les origines sont censées remonter au sénat de Rome (!) et en tête desquelles brillent, bien entendu, les Molinari. L'auteur donne avec soin la descendance de ces douze familles[2], depuis 970, date de la première des *Tabulæ*[3], jusqu'à la fin du XVIIIe siècle. *Toutes* sont représentées dans cette charte fabuleuse, *proclamation* (!) du premier marquis d'Incisa : elles figurent ensuite, au nombre de onze, dans la charte de la Méliga : ici encore les Molinari sont en tête, l'un comme *conseiller de la ville*, l'autre (placé même avant un marquis d'Incisa), comme *capitaine* et *envoyé* de Boniface de Montferrat. Mais ensuite, dans chaque généalogie, on saute brusquement (sauf pour deux ou trois familles anciennes), tantôt au XVIe, tantôt même au XVIIe siècle : c'est alors qu'éclate au grand jour, aux dépens de Molinari lui-même, l'innocence de Turzano. Comment, en effet, l'archiviste astésan aurait-il pu, en 1515, fabriquer une réclame généalogique, pour des gens qui n'arrivèrent à la notoriété que longtemps après le XVIe siècle ?

L'autre préoccupation de l'auteur de la *Storia d'Incisa* revient en maint endroit[4] : quand on quitte avec lui le terrain généalogique, c'est pour retomber sur celui de la Méliga. Et dans sa bouche, *Meliga* ne signifie que le *Maïs :* il ne sait point que cette semence vient d'Amérique ; son ignorance est séduite par l'appellation vulgaire de *Grano Turco ;* il rapproche la Turquie du Montferrat, et se trouve amené naturellement à la quatrième croisade, excellent théâtre pour étaler la gloire d'un Molinari, *capitaine de cavalerie au service de* Boniface ; en sorte que, faisant d'une pierre deux coups, il condense, dans la même pièce, une réclame généalogique personnelle et une proie à offrir au patriotisme local.

Rien de plus simple d'ailleurs que de retrouver avec quels éléments il opère sa supercherie. En premier lieu vient le *Recueil* astésan, le cod. 1044 de l'Athenæum de Turin : c'est ce *Recueil* qui suggère l'idée et donne la note — trop forcée par Molinari — du petit opuscule à fabriquer sous le nom de l'archiviste d'Asti, que son origine incisienne désigne au choix du faussaire, entre tous les chroniqueurs, réels ou supposés, mis à contribution par le *Recueil* astésan : une fois la *forme* trouvée, le manuscrit devient inutile, et alors, par prudence et de peur d'un contrôle ultérieur, ou tout simplement par pure négligence, il se voit condamné à une disparition nécessaire. Quant à la

[1] T. I, pp. 223-9.
[2] T. II, pp. 159-185.
[3] T. I, pp. 115-125.
[4] T. I, p. 125 ; t. II, pp. 200, 202, 240-242, etc.

charte elle-même, Borcanino, pris au cod. 1044, en fournit les formules : malheureusement un excès de vanité locale empêche Molinari de faire écrire, en latin tout à fait barbare, un notaire incisien du XIIIe siècle, — ce qui du reste le trahira plus tard. Le *fonds*, il le prend dans le Caffaro de Muratori, pour l'histoire d'Alexis [1], et dans les chroniques générales, mal comprises, pour le reste. Enfin c'est dans la petite charte que j'ai donnée plus haut, en note, et qu'il n'a pu ne point lire, soit dans le *Libro della Croce*, d'Alessandria, consulté par lui [2], soit tout simplement dans Ghilini — qu'il trouve l'idée et emprunte la description du reliquaire de la Vraie Croix [3].

Une fois la fabrication perpétrée, il se devait à lui-même de couronner son livre par la glorification du Maïs [4]. C'est ce qu'il fait amplement : les conquêtes utiles de l'humanité sont énumérées par lui l'une après l'autre, et le Maïs est placé en tête [5], au plus grand honneur de la commune d'Incisa, dont les autorités municipales viennent, comme il convient, féliciter Molinari par une épître pompeuse [6]. Le double but de l'auteur de la *Storia* se trouve donc atteint, que dis-je ! dépassé; car voici que le naïf Michaud, dont les recherches coïncident précisément avec l'apparition du livre d'Incisa, se trouve à point nommé pour accueillir, à son berceau, la double supercherie, la patronner auprès de la pléiade d'historiens célèbres qui apparut à cette époque, et donner, de cette sorte, aux Molinari et à leur Maïs, avec un empressement peut-être provoqué du fond du Piémont, la publicité européenne à laquelle ne pouvait prétendre, sans lui, l'obscure mystificaion subalpine.

[1] Muratori, t. VI, p. 391.

[2] Il le dit formellement, t. I, pp. 177, 180.

[3] Voici les deux descriptions :

Charte de la Meliga.	Charte d'Alexandrie.
« *Crucem unam* argentam... *in qua* posita vel firmata est, gemma una pro qualibet extremitate, et *in medio posita et firmata alia parva crux de Ligno* Veræ *Crucis* Domini nostri J. Christi. »	« *Crucem unam*... *in qua* quasi *in medio alia crux parva posita* cum argento *et firmata*, in qua erant quatuor perle apposite, et quod illa *parva crux* erat *de Lignanime Crucis*... »

De crainte d'embarras, Molinari a soin (t. I, p. 197, not.) de faire disparaître le reliquaire en 1642.

[4] « E tutti (Incisiani), calcando lo stretto sentiero della virtù, illustra« rono grandemente la Patria, *specialmente colla introduzione in essa della « Meliga*, et meritaronsi pubblicj encomj e dimostrazioni di eterna rico« noscenza. Non è di noi, o giovani, ma di essi tutti fù e sempre sarà la « gloria ! (I, II, pp. 240-241.)

[5] L'énumération (II, pp. 240-242) comprend les vers à soie, le tabac, le quinquina, le café, le thé, le riz, et se termine par ces mots : « Ma tutte dette intro« duzioni furono, senza dubio, *meno utili di quella della Meliga*. »

[6] T. I, pp. xj-xij.

www.ingramcontent.com/pod-product-compliance
Ingram Content Group UK Ltd.
Pitfield, Milton Keynes, MK11 3LW, UK
UKHW032039260826
14628UKWH00007B/3054

9 782016 159910